POÈMES
ET CHANSONS

Jocelyn Hyppolite
jvhyppolite@yahoo.com

Couverture: "Natif", toile de Serge Dor (peintre, sculpteur et musicien)
reproduite avec la permission de l'artiste.

Editions Saint-Hubert
fsainthubert@yahoo.com

Order this book online at www.trafford.com
or email orders@trafford.com

Most Trafford titles are also available at major online book retailers.

Jocelyn Hyppolite
jvhyppolite@yahoo.com

Editions Saint-Hubert
fsainthubert@yahoo.com

Couverture: "Natif", toile de Serge Dor (peintre, sculpteur et musicien)
reproduite avec la permission de l'artiste.

Print information available on the last page.

ISBN: 978-1-4120-3667-2 (sc)

Trafford rev. 06/15/2018

www.trafford.com
North America & international
toll-free: 1 888 232 4444 (USA & Canada)
fax: 812 355 4082

Dédicaces

A mes parents décédés,
à Joselyne de mes rêves, ma femme tant chérie
à mes enfants : Marvin, Noundy et Naïma
à mes frères et soeur : Errol, Michel et Ketly

TABLE DES MATIÈRES

v

Poèmes et chansons

Préface

Gérard Campfort

Jocelyn Hyppolite, auteur, compositeur et interprète, a commencé sa carrière vers 1960. A la même époque, il avait fait la rencontre d'un chanteur remarquable, un musicien polyvalent, plein de savoir et de goût, Gérard Michel, qui aura sur lui, du point de vue de la technique surtout, une certaine influence. Il a collaboré à plusieurs groupes musicaux en Haïti avant de partir en 1968 pour les Etats-Unis où il a imprimé une nouvelle orientation à sa carrière.

D'abord, il a suivi des cours de chant sous la direction de Jane Judge à "Waltan School of Music" à Brooklyn et ensuite il a décidé de produire lui-même ses oeuvres. C'est que la plupart des producteurs de musique haïtienne, intéressés plus précisément par l'aspect commercial des compositions avec tout ce que cela comporte d'exigences presque non-artistiques, n'attachent aucune importance à des oeuvres allant dans un sens contraire aux goûts du grand public.

A ma connaissance, après Ansy Dérose (**Ansy Dérose: Ses Chansons, Sa Vie...** -Pressmax, 1987), Jocelyn Hyppolite est le premier auteur, compositeur et interprète haïtien à réunir ses textes en un volume. Et cela vaut indubitablement la peine. Depuis un demi-siècle presque, la chanson haïtienne, en grande partie, s'est caractérisée par sa pauvreté sur le plan textuel et un manque d'inspiration et de créativité sur le plan musical. Fort heureusement, le bon grain a subsisté, si je puis dire. Il y a eu les groupes engagés dans la "chanson patriotique", des artistes qui ont tenu à faire une carrière éloignée des courants dominants et, même à l'intérieur de ces courants, quelques exceptions.

Les textes de POEMES ET CHANSONS de Jocelyn Hyppolite, près d'une centaine, concernent aussi bien plusieurs aspects de la réalité sociale et politique d'Haïti que certains problèmes de sa vie personnelle ou certains traits de son caractère. Il se présente comme un être qui se donne dans l'amour comme dans ses engagements politiques avec beaucoup de ferveur et de passion.

"J'ai bien offert toutes mes joies
Tous mes chagrins et mes malheurs
Tous mes plaisirs et mes désirs
Et j'ai perdu tout mon bonheur"

Je crois comprendre, à la lecture de ces textes, que le bonheur pour Jocelyn Hyppolite aurait pu être bien simple se résumant à une amélioration des conditions d'existence des prolétaires de notre pays, à une réduction des injustices et des oppressions de toutes sortes et à une compréhension de la part de l'être aimé.

Qu'est-il arrivé à son rêve de révolutionnaire, engagé dans la lutte politique auprès de quelques étudiants qui avaient combattu la tyrannie des Duvalier et qui avaient sacrifié leur vie dans l'espoir d'un changement de la situation sociale, politique et économique en Haïti ? Presque tous ils ont péri. Quelques-uns ont survécu : l'exil, le dur exil, le temps ou la mort ont eu raison d'eux. Et puis les autres ont donné leur âme au diable dans l'énorme mystification qui se déroule dans notre pays. Etait-ce pour cela que le sang des camarades morts fut versé ? Non, mille fois non. La misère en Haïti est plus abjecte, les oppressions aussi brutales qu'auparavant sur un territoire, de surcroît ,occupé.

L'amour peut-il, même comblé, servir d'exutoire aux malheurs du peuple et du pays ? Il est impossible de le vivre à l'écart de tout comme si on était dans un petit monde fait pour deux et fermé à toute donnée extérieure. Mais là encore, pour notre auteur, compositeur et interprète, c'est l'échec. Dans *"Qu' elle est longue la route qui mène vers toi"*, Jocelyn Hyppolite confesse l'échec en révélant une réalité pénible de notre société. Dans la majorité des couples haïtiens, le respect n'est pas toujours la note dominante. Nous parlons souvent des exactions de l'armée d'Haïti, des brutalités policières, mais nous ne nous représentons pas assez que ces actes sont,jus qu' à une certaine limite, le prolongement d'un état de violence installé dans les foyers.

Le manque de respect, la violence des conjoints l'un envers l'autre sont un trait, peut-être, spécifique aux Haïtiens et une conséquence de ce que ,sur le plan culturel, le Dr Jean-Price Mars a caractérisé de bovarysme. Ce sont presque toujours des gens qui apparaissent pour les étrangers au foyer comme de bonne éducation, compréhensifs, mais qui croient qu'aucun respect, aucun égard n'est dû aux proches ni à leur conjoint.

Cet état de choses a empiré, à mon avis, depuis que sous la tyrannie duvaliériste l'accumulation illicite des richesses, le vol effréné des deniers publics a fini par donner de l'importance à des individus qui auraient dû faire un long séjour en taule et, du même coup, discréditer l'honnêteté et l'effort dans le travail d'honorables citoyens.cela ajoute un élément aux critères relativement inconscients du manque de respect . Aujourd'hui dans les formules comme dans les faits, on ne lésine plus en Haïti sur les moyens de s'enrichir. Et on accepte n'importe quoi, pourvu qu'il y ait quelques sous à gagner. Jocelyn Hyppolite, dans cet ordre d'idées, aboutit à cette conclusion.

"Et voilà ! Plus de pays, plus de patrie

X

Plus de respect, plus de dignité."

Face à cette situation on ne peut plus déprimante, Jocelyn Hyppolite est resté fidèle à ses idées. On ne renonce pas à ses idées parce que, pour une raison ou pour une autre, elles ont échoué sur le plan de la réalisation, mais plutôt si elles se révèlent, passées au crible de la critique, mauvaises ou inadéquates. Quant à l'incompréhension de l'être aimé, on est presque toujours mal armé pour la transformer. Mais pour un artiste véritable, il y a une consolation, une revanche même qui consiste dans la rencontre de sa vie avec l'art. Là est la source de satisfaction la plus durable pour un individu marqué par les déceptions et les échecs de toutes sortes.

IL faut mettre au compte des déceptions et des échecs le fait pour Jocelyn Hyppolite de vivre aux Etats Unis,le pays qui a broyé sa jeunesse et dont le système économique, social et politique,pour lui,est un cas... Un système qui détruit la vie de beaucoup de gens par plusieurs moyens, dont la drogue et l'argent , le *vert papier puant* qui corrompt et qui a pris, dans l'esprit des êtres humains inféodés à son idéologie, plus de valeur que leur propre existence. Je souhaite, comme un prolongement de la revanche ci-dessus mentionnée, du succès à cette oeuvre POEMES ET CHANSONS et à son auteur qui en avait connu beaucoup avec ses compositions: *Fò kat- la rebat, yo va peye sa, tout bagay pou chanje,* etc... qu'interpréta la chanteuse Fédia Laguerre en 1986.

Gérard Campfort

xi

INTRODUCTION

En moi ce mélange d'amour, de révolte, de vengeance, d'altruisme, d'amour fraternel, d'idéal, d'appel de la chair, d'amour du beau, de haine contre l'injustice. J'entends ma haine contre l'exploitation de l'homme par l'homme, contre les abus et les préjugés, contre les papelards, les opportunistes de tous poils.

Révolution ! Tel est mon cri le plus ardent pour une Haïti débarrassée de toute entrave, pour une Haïti régénérée pour le bonheur du peuple haïtien. Aussi, je dédie ce recueil à la jeunesse révolutionnaire de mon pays, à la classe ouvrière et à la paysannerie. Quant à la bourgeoisie et à ses supporters, ils ont toute ma haine et mon dégoût ! Qu'ils crèvent !

Je remercie infiniment tous les amis qui ont collaboré ou aidé en quelques sortes à la publication de cet ouvrage, particulièrement : Gérard Campfort qui m'a honoré de sa préface, Serge Dor pour la toile de la couverture et mon éditeur et grand ami le docteur Francis Saint-Hubert. Au risque d'oublier d'autres, je devrai aussi remercier pour leur support et leurs conseils ponctuels : Fritz Blain, Jocelyn Gay Moriset, Mona Germain, Edwin St-Vil (Didi) et, de façon posthume, mon mentor Gérard Michel.

JOCELYN HYPPOLITE

Né le 23 mars 1945 à Port-au-Prince, Haïti, j'ai fait mes débuts artistiques me produisant à l'âge de cinq ans comme soliste avec la chorale de l'école NOTRE DAME DU PERPETUEL SECOURS, du collège Edouard Tardieu et avec celle de l'établissement Darius Denis. Par la suite j'ai chanté avec la chorale "Caraco Bleu" et celle de "l'Etoile Caraïbe". Tour à tour, j'ai collaboré avec les groupes musicaux suivants : "les Copains", "les Pur-Sang", "les Cordes Magiques", "les Vikings", "les Fantaisistes", "les Ménestrels", et "Phase One". J'ai participé avec la chorale "Solèy Leve" dans un de ses albums et j'en ai produit deux à mon compte : "Taxi jo-n" en 1982 et "Rasanbleman pou laviwonn dede" en 1989.

J'ai fait du théâtre avec le club "Caraco Bleu" et "Etoile Caraïbe, travaillé ensuite avec Otto Louis Jacques et, en dernier lieu, avec René Audain, et avec "Wilek film" comme acteur dans "Nou tout se refijye" et "Lavi ayisyen nan Nouyòk", un film tragi-comique réalisé sous la direction d'un ami d'enfance, Willy Exumé.

Jocelyn

xiii

BRIBES

Je suis semblable à toi
comme l'amitié est à l'amour.

Aimer c'est s'oublier un peu pour plaire à l'autre.
En plaisant à l'autre on plaît à soi-même.

ARIELLE

Admirable beauté
Ravissante et sensuelle
Irrésistible et charmante
Emanée des fleurs des champs
Légende des milles et une nuit
Lune sombre argentée d'enchantement
Enveloppée de mystères et de rêves bleus

MA SIRÈNE

Me baigner
Dans ton eau de délice
M'enfoncer
Dans ta joie incommensurable
Pour arriver
Aux confins de nos extases
Un espoir au bonheur
Jolie Sirène mon amie.

ESPOIR

Après avoir chanté
Toutes les illusions passées
Après que tous les rêves convoités
Se sont envolés
Il reste toujours
Dans un coin de la mémoire
Un jardin vert
Rouge de roses
Une femme en bleu
Couchée au soleil levant.

JEAN VILSON

Il était simple comme bonjour
Il avait un gai sourire
Il vivait d'amour, de liberté, de fraternité
Il dialectisait pendant que les autres discouraient
Mais comme dans l'esprit des autres
Dialectique et marxisme se complétaient
Ils lui ont collé une étiquette de communiste
Et on ne l'a jamais revu depuis.

EDEN GERMAIN

Un sourire
aimable et bon il avait
il était tranquille
comme une eau dormante
brave jusqu'à la témérité,
il avait bec et ongles.
L'injustice provoquait en lui
la furie d'un torrent rapide
quand il joignait le geste à la parole.
Passionné d'aventures
humaniste bâtisseur de rêves
quand ils l'ont tué
ils ont tout détruit
sauf son calme
et sa tranquillité.

HANTISE

Maudite hantise
Tu passes sous la porte
Entres dans ma chambre
Et pénètres ma pensée
Tu fouilles dans ma mémoire
Et marches sur mon passé
Tu veux faire de moi
Ce que sont l'infini et le vide
Ton cynique plaisir
A déjà causé tant de victimes
Arrête ! Je te l'ordonne...
Arrête...

EMPORTE -MOI

Emporte-moi douce rivière
Comme un débris troublant ton eau
Je suis léger, je descends ton courant
Emmène-moi, emporte-moi
Mon coeur se bat contre ma raison
Ils ne s'entendent, ne se comprennent pas
Je sais seulement je ne peux te résister
Ca m'est égal où tu m'entraînes

Je voudrais t'aimer à chaque instant
Te caresser, te chérir et t'adorer
Je crie ton nom, je t'implore chaque nuit
Mais dis-moi donc quelle prière t'inventer

Emporte-moi fraîche rivière
Baigne mon âme rafraîchis ma vie
Eteins cette flamme qui me brûle le coeur
Emmène-moi, emporte-moi
Tu me regardes et lis dans mes yeux
Tout cet amour qui me dévore
Cette passion qui me fait frissonner
Et cette tendresse qui te gêne

Je voudrais t'aimer toute la vie
A chaque instant que tu m'aurais donné
Accorde-moi un mois ou quelques jours
Ou simplement une heure ça m'aurait plu

Emporte-moi douce rivière
Comme un débris troublant ton eau
Je suis léger, je descends ton courant
Emmène-moi, emporte-moi

UN MONDE DE RÊVES

Je ferais le tour du monde en rêve
si tu m'aimais vraiment
je chanterais la vie sans trêve
si tu m'aimais vraiment
Si tu m'aimais vraiment
je dirais que ma vie a changé
mon coeur est soulagé
et mon mal maîtrisé
Il n'y aurait plus
de blancheur dans mes nuits
j'aurais déjà conquis
mes joies d'antan
je te crierais
mon amour à chaque instant
et tes yeux me diraient
mon grand enfant.

Je te suivrais jusqu'en enfer
si tu m'aimais vraiment
j'y passerais ma vie entière
si tu m'aimais vraiment

Si tu m'aimais vraiment
il y aurait tout autour de moi
un monde de rêves
si vraiment tu m'aimais

10

QUAND GRANDIRAS-TU ?

Dans le jardin de ton coeur
si triste aux mille tourments
je vois filles et femmes pleurer le ciel
pour le pardon de leur existence
pour cet homme qui t'a trompée
et que tu croyais t'aimer
tu as donné ton miel
instrument de plaisir
tous ces hommes avec qui tu joues
cassent le sucre sur ton dos
ce garçon qui t'aime tellement
est mort ce matin à cause de toi
il a rendu l'âme
fille d'aujourd'hui
femme de demain
force vive qu'on exploite
quand grandiras-tu ?

L'AMOUR QUE J'AI POUR TOI

L'amour que j'ai pour toi m'a joué des tours
l'amour que j'ai pour toi m'a rendu fou
C'est comme une chanson
qui s'en va et revient (bis) chaque jour
c'est comme une chanson
qui s'en va et revient (bis) toujours

Dans mes nuits je te vois à chaque instant
j'essaie de t'embrasser, tu disparais
tu es comme un mirage
qui s'en va et revient (bis) chaque jour
tu es comme un mirage
qui s'en va et revient (bis) toujours

Refrain   *LA / LA / LA / LA*

Je regarde tes yeux ils font le vide
tu sais si bien cacher ton émotion
tu es comme l'espoir
qu'on n' voit pas qu'on attend
qui promet de venir un jour
tu es comme l'espoir
qu'on n' voit pas qu'on attend
qui promet mais n'arrive pas toujours

Je te vois, je te parle j'ai le coeur gai
mais quand on ne se voit pas j'ai le coeur gros
je suis comme un gamin
oui j'ai mal et j'ai peur (bis) pour toi
je suis comme un gamin
oui j'ai mal et j'ai peur (bis) de toi

Refrain   *LA / LA / LA / LA*

Je te remercie fort de m'avoir toléré
tu as mon amitié et ma sincérité
je te protégerai contre vents et marées
gare à ceux qui te veulent du mal
je te protégerai contre vents et marées
gare à ceux qui t'ont fait du tort

Je t'aimerai toujours bon gré mal gré
je chanterai pour toi de tout mon coeur
toutes ces chansons d'amour écrites pour toi
que tu chanteras à ton tour
toutes ces chansons d'amour écrites pour toi
que tu chanteras bien demain

Refrain   *LA / LA / LA / LA*

13

LES GÉNÉRAUX

Je suis fort
terriblement fort
a dit le GÉNÉRAL
c'est bien mon temps
le temps des généraux
AH ! AH ! AH ! je suis général
à mon tour de donner les ordres
d'amasser un tas d'argent
de prendre plusieurs concubines

Au garde à vous mon sergent !
Rassemble mes soldats
je vais semer la pagaille
que ces petites gens tremblent
AH ! AH ! AH ! je suis général

Cerveaux fous
cerveaux de névrosés
mental atrophié
esprit étroit
confus et borné

vision courte, hallucinée
ignorance prononcée
présence proéminente
à la mode d'ailleurs
mentalité de tueur
mentalité de gens d'armes
Commandeur, Oppresseur
Agresseur paranoïaque
Meurtrier entraîné
expert assassin
Professionnel de carrière
GÉNÉRAL des forces armées
GÉNÉRAL de la brigade
GÉNÉRAL de la merde
Vous êtes tous des assassins !!!

ON EN FAIT UNE CHANSON

Qu'est-il arrivé de nous
Et qu'avons nous fait de nos rêves ?
Tout se transforme en machine
Même l'amitié est altérée
Ne parlons pas de civilité
On est dépersonnalisé
Oui tous ces gens sont corrompus
Et la loi n'est que façade, mon ami

On est comme une symphonie
Et dans nos sangs danse l'été
On est comme un jardin d'amour
Rempli de fleurs d'automne
Les tourments ne nous épargnent pas
Et le chagrin nous crispe le coeur
On les prend tous en harmonie
Et on en fait une chanson

On cherche du travail partout
On se plonge dans la nuit profonde
Pour se frayer un chemin
En cherchant la toison d'or

On pense aux enfants du pays
A leur bien-être collectif
Ces enfants de la malnutrition
Alors on a pleuré, nous l'ami.

16

LES PLEURS

Ils ont coulé à grands flots
les pleurs des mères sans asile
des orphelins sans pain
des ouvriers exploités
des soldats tombés au combat
des chiens maigres des rues
des "sans manmans" au ventre vide
cependant la terre
n'a point besoin de pleurs
elle veut du sang
du sang pour la Colombie
pour le Chili
le Salvador
le Costa Rica
le Honduras
le Guatemala
le Venezuela
l'Afrique du Sud
le Moyen Orient
les Philippines
la Grenade
la Jamaïque
Porto Rico, St. Domingue
HAÏTI ! HAÏTI ! HAÏTI !!!
SANG

17

REVIVRE

Si j'avais à revivre je te rechercherais
pour te retrouver épanouie bien plus qu'avant
je te rechanterais mes peines et mes tourments

Refrain

Je te redirais
combien je t'aime
comme je t'adore
que la folie revit en moi
je te redirais
combien je t'aime
comme je t'adore, encore

Je te reconnaîtrais simple ou maquillée
en quelque autre personne
que la nature t'aurait changée
Gladys ou bien Solange je te rechanterais.

Refrain

Tu peux rire de ma folie en fait elle est vivante
car la réalité c'est bien la vie c'est bien l'amour
c'est cette fatalité qu'on appelle la mort

Refrain final

Laisse moi te dire
combien je t'aime
comme je t'adore
que la folie revit en moi
laisse moi te dire
combien je t'aime
comme je t'adore, encore

NUIT DE NOËL

Un vent froid balaie l'atmosphère
La radio entonne des chansons
De petit Jésus dans toutes les langues
C'est décembre ! C'est Noël !
La ville devient de plus en plus bruyante
Noël toujours pareil et différent.
Les adultes rempliront les boites de nuit
Dans certains quartiers
On organise des réveillons
Ce soir les enfants ne dormiront pas
Ils resteront à tirer des pétards
Allumer des feux de Bengale
Des pluies d'étoiles,
Et l'on verra rayonner dans le ciel noir
Une multitude de sillons blancs,
Jaunes, rouges, violets, bleus, verts
Encore une harmonie
Que les hommes ont ajouté à la nature.

Aux bas quartiers de la ville
Là où habitent les parias,
Les cireurs de bottes
Et les ouvriers d'usines
Baignant dans la crasse et dans la misère
Aux en dehors de la ville
Là où habitent les paysans
dans leur chaumière à lampe à gaz

20

Ils fêtent un tonton Noël
qu'ils ne connaissent pas
et ne comprennent pas
qui n'a rien à voir avec leur façon de vivre
Façon de vivre
Dans la crasse et dans la misère
Quelle justice sociale !
Toujours les deux camps qui s'affrontent
O liberté je crie !
Liberté
A tous ceux qui n'ont pas de tonton Noël
Nuits de Noël, nuits des morts.
A New York il neige déjà et on tremble de froid
Les arbres dépouillés de leurs feuilles
Le brouhaha de la ville trépidante
Alourdit la tête réchauffée par un soleil torride
On ne rêve plus de tonton Noël
On les voit tout bonnement devant leur échoppe
Habillés de rouge et blanc vendant des jouets
Qu'on nous faisait croire des cadeaux provenant d'eux

Devant les magasins, aux croisements des passants
Des "Merry Christmas" dans la pensée de l'étranger
Déjà préoccupés par les achats
Trop élevés pour son revenu
Malgré les "overtimes" assidus
Nuits de Noël, nuits terribles !

21

A la sortie de certains "factories"
Merry Christmas dit le patron
Avec ce sourire jaune habituel
Et une tape sur l'épaule
Pour calmer cette colère concentrée
Que de formes d'hypocrisie pour une diplomatie
Dans la nuit trop calme
Un passant enveloppé dans un manteau
Je ne sais de quelle couleur
Suit son chemin en titubant
Une bouteille de "gin" à la main
Il crie dans toute son excitation "black power"
A cet instant un homme traqué par la police blanche
Sur un gratte-ciel se balance
Et soudain, un cri Ah a-a-a !
Un homme dort

Dans son sang noir et rouge la tête écrasée
Un tas de gens rassemblées demandant
Est-il mort ?
Il est bien mort, il n'a jamais eu de cadeau de Noël
il a voulu en avoir, il a volé
Et voila ce qui est arrivé
Il n'a eu que cette mort, une nuit de Noël.

O ! MAMAN

O ! Maman
toi qui dès mon enfance
as connu tant de tourments
à l'hôpital
où fut ton lit de pénitence
c'est bien là
que j'ai commencé mes printemps
O ! Maman
je t'ai causé tant de souffrances
insoumis, insolent et têtu
malgré tout
j'ai pas su vaincre ta patience
O ! Maman
ton amour a survécu

Refrain

et depuis j'ai grandi
et toi tu as vieilli
mais tu restes encore belle
avec ton coeur d'enfant

O ! Maman
comme j'ai bien du chagrin
de n'avoir pas su changer ton destin
tu desservis une société qui te piétine
O ! Maman
leurs injustices sont si mesquines

O ! Maman
que j'aimerais te plaire
mais comment arriver à le faire
tous mes rêves
caressés se sont envolés
O ! Maman
mes beaux printemps m'ont délaissé

Refrain

oui la vie a changé
et l'on s'est réfugié
sur la terre étrangère
coupé de notre cher passé maman

O ! Maman
tu as su bien me défendre
à tous moments
de la vie combien chère
tu as su toujours
comment t'y prendre
pour me procurer
les besoins nécessaires.

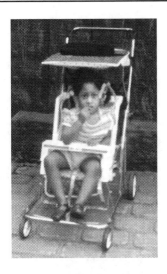

NAÏMA

T'a grandi trop vite, mon bébé
Cela fait dix neuf ans passés
Hier devient ce matin d'aujourd'hui
Notre passé s'est enfoui.

Enveloppée d'un linge blanc
Sur mon épaule, comblée de baisers
Contre le froid et le vent
Nous allions chez "Man Dédé".

Refrain

Quand donc le temps est-il parti ?
Quand donc s'est-il enfoui ?
Mais c'est bien le passé
Oui c'était hier mon bébé.

Le temps nous caressait l'âge
Le vent nous fouettait le visage
En entrant dans la commodité
Hospitalière chez "Man Dédé".

C'est là que je devais te laisser
Chaque jour que j'allais travailler
Pour te retrouver dans ton berceau
Le soir quand je rentrais de mon boulot.

MA FOLIE

Pour l'inconnue que tu étais
tu serpentes déjà mes rêves
comment te dire ces mots osés
qui te blesseront peut-être
malgré moi.

Refrain

Cette chanson mieux que moi
te racontera ces rêves
sentiments un peu fous
timides et fragiles.

Je n'ai pas grand chose à t'offrir
que le peu de moi que je reste à vivre
j'ai pas le ciel, j'ai pas la lune
non moins la terre à te donner mon amie

Refrain

Maintenant que t'es devenue mon amie
combien je n'aimerais pas te perdre
pour ne pas te blesser, ma foi
je préfère me taire à jamais.

Refrain

Combien de temps s'est- il passé
combien j'ai souffert de mon silence
voilà que s'approche la mort
de cet espoir qui nourrissait ma folie.

27

SABLE AU VENT

C'est pour sûr que le temps a changé
HITLER s'est multiplié en Amérique
Dans le Congrès de l'Oncle Sam
fossoyeurs de démocratie
aux réponses faciles
tout est clair au soleil
l'ONU est à nu
l'OEA à l'écart
VATICAN dénoncé
l'INTERNATIONAL vendu
les SOVIETS désunis
les MASSES trompées
de leur leadership erroné
le capital en banqueroute
structures de misères
succombé sous l'poids de la corruption
du vol au meurtre
du pillage au gaspillage
le nouvel ordre est lancé
autour du château de sable
c'est le désordre en permanence
la tombée des dominos
en chaîne de réaction
plus de balance !!!
L'Amérique est à l'assaut
du monde entier !

PETITE FEMME

Cette nuit dans un rêve merveilleux
Tu berceras l'espoir aux creux de tes mains
Et dans tes yeux, jolie petite fée,
Fleurira l'avenir tout comme un bleuet

Eh ! Toi petite femme, mon puits de tendresse
Toi qui fais ma peine, toi qui fais mon bonheur

Toi petite femme, toi qui es ma flamme
Mon fardeau si lourd, ma muse de toujours

Mon coeur se déborde d'un bonheur si grand
Mon être se déchire d'un amour trop fort
Que vienne la lumière de nos coeurs heureux
Chasser la noirceur des jours sans soleil

Cette nuit dans un rêve merveilleux
Tu berceras l'espoir aux creux de tes mains
Et dans tes yeux, jolie petite fée,
Fleurira l'avenir tout comme un bleuet

PETITE FLEUR SAUVAGE

Pour te trouver petite fleur sauvage
j'ai parcouru une immensité
de peur, d'angoisse, d'incertitude
mais dans mon coeur fleurit l'espoir.

S'il fallait que le temps se fâche
et qu'il y ait une tempête de neige
s'il fallait que tu t'enfouisses
jusqu'à te perdre dans ce brouillard

Refrain

Je te retrouverai sur le chemin
petite fleur sauvage
dans la forêt voisine
grelottante de froid
je te transplanterai dans un jardin
aussi chaud que mon coeur.

S'il fallait qu'à cause de ta peur
malgré le temps et tes tendres années
ton coeur persiste dans sa sécheresse
et recule encore devant ton bonheur

S'il fallait que malgré les pleurs
que te font verser tes nuits sans lune
tu comptes les heures pleines d'illusions
sans voir le mal que tu te crées

LA PERLE DES ANTILLES

(Ecrit par Jocelyn Hyppolite pour Fédia Laguerre)

Il était une fois, un marin du nom de Christophe Colomb
Débarqua sur la terre d'Haïti qu'il nomma Hispaniola
Une île verte, rouge d'Indiens.
Ces derniers tombèrent un à un sous le poids des
travaux forcés
Imposés par l'occupant, qui par la suite, fit venir des
noirs d'Afrique
Pour continuer la corvée. Et c'est ainsi
Qu'au maître colon, s'opposa Boukman,
Au maître colon, Toussaint Louverture,
Au maître colon, Jean-Jacques Dessalines
Et l'indépendance était conquise !

Haïtiens mes frères
Nous avions gagné
Haïtiens mes frères
Au prix du combat.

Plus de colons plus d'esclaves, et la nation était fondée.
Malheureusement, il y avait de ces ambitieux, intrigants
Qui ne respectaient pas l'ordre et la discipline.
Aveuglés par l'appât du gain,
Ils fomentaient déjà ce complot odieux et tuèrent leur
héros,
Leur bienfaiteur, fondateur de la patrie.

31

Haïtiens mes frères
Maintenant nous payons
Haïtiens mes frères
Notre trahison.

Pétion, Christophe, Guérin, Garat, Brunot, Blanchet,
Yayou, Geffrard
Voulaient la tête de l'Empereur
Cet homme vaillant de qui ils avaient peur.
Si du pont Rouge on vous parle, faites donc amis la
soude oreille,
C'est écoeurant ce complot crapuleux contre notre
libérateur.
C'est une page sale de notre histoire.

Haïtiens mes frères
Nous avons souillé
Haïtiens mes frères
Notre chère patrie.

Esclaves affranchis, esprits agités, ils n'ont pas pris du
temps
Pour diviser le pays en trois Etats. D'intrigues en
intrigues,
Ils ont abouti à une guerre civile, suivie des bottes de
1915.

Mais cet assaut des Américains butta contre la
résistance des Cacos. C'est ainsi qu'aux envahisseurs
s'opposa Charlemagne Péralte

A l'amiral Caperton, Charlemagne Péralte !
Au Capitaine Hanneken, Charlemagne Péralte !
A la sale bourgeoisie, Charlemagne Péralte !
Et il tomba sous l'infâme trahison de ce sombre
personnage : Conzé.

Haïtiens mes frères
Ils nous ont vaincus
Haïtiens mes frères
Pour notre malheur.

Et le nationalisme naissant fit place au noirisme déchu
Pendant que l'ennemi se consolidait, pour gérer notre
chère patrie.
Et beaucoup d'années ont passé, rien ne semble avoir
changé
Intrigues et querelles ont continué,
Pour aboutir à cinquante-sept que nos bêtises ont
accouché.

Et la milice a pris naissance, terrorisant nos citoyens.
Et la Garde d'Haïti pour le triomphe du tyran.
Et depuis, c'est le sauve-qui-peut, ciel et mer sont
surchargés
De vols d'avions, des voiliers pleins d'enfants
Qui s'en allaient chercher la vie, j'entends leurs cris
aujourd'hui encore

Haïtiens mes frères
Maintenant nous payons
Haïtiens mes frères
Notre trahison

Et voilà ! Plus de pays, plus de patrie, plus de respect,
plus de dignité.
Nous sommes maintenant porteurs de maladies et
d'immoralité,
Des illégaux, hors-la-loi, jetés en prison, maltraités,
humiliés.
Et je remue dans ma mémoire, Pont Rouge, mille neuf
cent quinze,
Quarante-six, cinquante-sept.

Haïtiens mes frères
Qu'allons-nous donc faire
Haïtiens mes frères
Pour notre pays.

Alors qu'on ne s'y attendait pas, ces chers enfants des
Gonaïves
Se sont lancés à l'assaut du tyran, bravant la mort avec
mépris.
L'oiseau méchant, sans crier garde, a pris son bébé sous
ses ailes,
Et lui épargna cette mort certaine
Que lui réservaient nos héros, peuple fier qu'il croyait
zombifier

Haïtiens mes frères
Vous êtes glorieux
Haïtiens mes frères
Je suis fier de vous

Jean Robert Cius ! Mackenson Michel !
Daniel Israël ! Franck Jean Charles !
Merci ! Merci ! Merci !
Mais c'est pas terminé encore,
Sur les sentiers duvalieriens, c'est l'Oncle Sam déguisé
Marchant toujours, tenace et sans vergogne,
Foulant le sol de nos consciences, avec ses bottes
coloniales.
Oh ! Ces bruits, ces bruits, ces bruits de bottes de la
honte
Résonnent dans ma mémoire. Fléau chronique qui
m'afflige toujours
Ils sont encore vivants mes frères, ils sont encore chez
nous mes frères
Dans la Perle des Antilles, dans notre Perle des Antilles.

Haïtiens mes frères
Voyons comment faire
Haïtiens mes frères
Pour nous libérer
Haïtiens mes frères
Déracinons-les
Haïtiens mes frères
Bien sûr nous vaincrons

JE T'AIME

Je voudrais t'inventer des mots
des mots si tristes et si profonds
des mots si beaux et si gentils
que la beauté ne saurait décrire

Je voudrais tant te dire des mots
que les autres n'ont point écrits
dans leurs chansons
mais je m' surprends à répéter
tous ceux qu'ils disent
et ont appris de l'alphabet.

Refrain

Laisse moi te dire je t'aime
c'est plus joli ainsi
tu comprendras quand même
ces mots qui disent tant.

Je ne suis qu'un pauvre garçon
qui ne cherche qu'un peu d'amour
un peu de joie pour égayer
ses nuits de pluie trop angoissées.

J'aimerais te cueillir des fleurs
des fleurs de tous les pays
de notre terre

36

il me faudrait voyager longtemps
et le temps de revenir
elles seront toutes fanées

Refrain

Si je pouvais me partager
je ferais de ta chambre mon toit
et je me tuerais à t'aimer
pour tous les jours que je vivrais.

Je te donnerais un filtre d'amour
pour que tu ne puisses résister
à ma passion
et de parures je t'ornerais
comme une déesse indigène
Oh ! Voilà que je déraisonne

Refrain

Je voudrais exister pour toi
comprendre tes maux et tes souffrances
souffrir tes peines et tes chagrins
vivre tes joies et ton bonheur

J'aimerais te verser mes pleurs
et te former un océan de mes désirs
tous mes beaux rêves et mes plaisirs
tous mes soupirs de tout mon coeur
je te les donne

CAMARADES

Ils étaient jeunes, fougueux, intrépides
Sans peur et ils marchaient
Ils marchaient, ils marchaient et claironnaient partout
A bas l'impérialisme ! A bas la propriété privée !
J'étais le novice de la bande
Et je comprenais très peu ce qu'ils disaient,
Mais ce que j'ai cru comprendre,
C'est qu'ils parlaient de partage égal.
Et j'ai suivi et j'ai suivi naturellement
Et j'ai compris depuis pourquoi, ils sont tombés
Les uns après les autres, les uns après les autres
Les Barrauds fusillés devant leur maison
Par un macoute du quartier
Leur voisin qui les avait vus grandir !!!

Camarades Barraud, on n'était pas bons copains
On se connaissait à peine,
Mais on faisait la route ensemble.
Camarades Barraud, sur cette route défoncée
On a planté des bleuets, tes tulipes et des roses,
Vous êtes tombés sur ce chemin
Pour le pays, pour la patrie
Frères camarades, frères de combat
Libérés enfin de vos chaînes
De vos chaînes pour la vie.

Emar Jean François, on se connaissait bien,
Et toi Rock Dérose, on était bons camarades
Eden Germain, on n'était pas du même âge,
Tu étais bon patriote et l'on s'entendait bien.
Vous êtes tombés sur ce chemin
Pour le Pays, pour la patrie.
Frères camarades, frères de combat
Libérés enfin de vos chaînes,
De vos chaînes pour la vie.

Nous avons travaillé à la sueur de nos fronts
Et on nous a volé notre pain quotidien.
Nous avons combattu au prix de notre sang
L'injustice, le vol et la corruption.
Ce qu'on a enduré pour toi Liberté !

Et toujours sans relâche, ils marchaient,
Ils marchaient et plus ils marchaient, plus ils tombaient,
Et plus ils tombaient, plus d'autres les joignaient.
Et nos dirigeants tortionnaires, paniqués
S'enrageaient, s'enrageaient.
Mais fermement avec insistance, nos héros marchaient,
Marchaient sans cette peur bleue
Pas question de peur bleue
Ils étaient plutôt rouges
Rouges comme du sang vif.

Camarade Jean Vilson, on était de bons copains
On a marché sur les sentiers, sur la saline et les oranges.
Sur la cité Tache, on s'est promené
On a parlé aux ouvriers et paysans, mais ils ont été si
bafoués,
Qu'ils n'ont pas cru notre vérité
Notre vérité, l'ami Vilson.

Pendant que la répression féroce faisait rage,
La jeunesse toujours décidée, s'organisait
Clubs culturels et littéraires,
Emergeaient de tous les coins du pays
Partis et groupes politiques se formaient
clandestinement,
Disparaissaient et réapparaissaient sous d'autres noms.
Nos parents qui finissaient de vivre depuis quarante ans
Avaient peur pour eux et pour nous.
Alors que nous qui ne fûmes jamais des enfants
Méprisions les risques de mourir à chaque instant
A chaque faux pas.

Camarade Jean Vilson, t'a manqué notre rendez-vous,
Je t'attendais ce matin la, posté devant ma maison,
Cela s'est passé en soixante-sept
Et comme tu vois, je pleure encore.
Je pleure encore, l'ami Vilson
Je ne savais pas que je t'aimais si fort.
Et tu n'es pas venu, l'ami Vilson.

Nous avons travaillé à la sueur de nos fronts
Et on nous a volé notre pain quotidien
Nous avons combattu au prix de notre sang
l'injustice, le vol et la corruption
Ce qu'on a enduré pour toi Liberté.

Séparés par les circonstances de la vie,
Infatigables combattants
Nous continuons la lutte sans merci.
Camarades martyrs, écoutez !
Vous n'êtes pas allé en vain !
Nous sommes maintenant partout;
En Haïti, aux Etats-Unis, au Canada,
En Afrique, au Mexique.
Nous semons du bon grain pour la récolte nouvelle.
Mais, malgré tout, nous sommes loin
De nous comparer à vous.
Vous nous êtes si chers.

Dérose, les Barraud, Emar Jean François
Camarade Eden, l'ami Jean Vilson
Ce que j'ai couru moi derrière vos ombres
Qui s'en allaient,
Qui s'en allaient au pays lointain - au pays là-bàs
Là dans l'au-delà
Comme vous étiez forts, comme vous étiez bons !
Comme vous étiez bien, comme je vous aimais !
Ce que j'ai couru moi derrière vos ombres
Qui s'en allaient (ter) au loin.

41

JOSELYNE DE MES RÊVES

Tu étais si sauvage
que j'hésitais toujours
à te parler d'amour
Joselyne de mes rêves

Je t'ai aimée tellement fort
que j'ai pris tout mon temps
à devenir ton ami
Joselyne de mes rêves

On s'est aimé un peu plus tard
j'ai cru qu'on a forcé le destin
lorsque nous nous sommes mariés
Joselyne de mes rêves

Les années ont vite passé
notre vie tracassée
on tient bon quand même
Joselyne de mes rêves

j'ai pas pu t'apprivoiser
sauvage t'es restée
t'as même poussé des griffes
Joselyne de mes rêves

Tu passes ton temps à me blâmer
tantôt pour tout tantôt pour rien

42

maintenant tu me donnes des ordres
non Joselyne t'es plus un rêve

Nous avons mis au monde
un garçon et deux filles
qui se battent sans cesse
Joselyne c'est plus un rêve

Marvin, Noundy, Naïma
ajoutés avec toi
ce que je veux te dire
Joselyne t'es ma réalité
et je t'aime toujours

DEMAIN

Pour toi ce jardin qui fleurit
pour toi cette jeunesse qui sourit

Refrain (2x)

qu'attends-tu pour en profiter
aujourd'hui sera bientôt demain
et demain
on n'en sait pas trop bien ?

Pour toi ce grand coeur attendri
pour toi cet amour de froid transi

Refrain (2x)

vas-tu donc le laisser mourir
aujourd'hui sera bientôt demain
et demain
on n'en sait pas trop bien. ?

44

C'est vrai rose rouge d'été
la lune s'éveille dans tes yeux

Refrain (2x)

vas-tu donc te laisser faner
sans jouir de l'espace d'un matin
car demain n'est déjà pas loin ?

Demain on sera bien trop vieux
pour jouir de l'amour
nos coeurs ne pourront plus subir
la joie d'aimer.

ADIEU L'AMI

Adieu l'ami
Adieu l'ami
Adieu l'ami tu es parti
Vers ton soleil de paradis
Sans aucune peine et sans chagrin
Et sans souci des lendemains

Adieu l'ami
Adieu l'ami
Adieu l'ami comme je t'envie
Je me brûle toujours sur la terre
Sous le soleil de mon enfer
Dévoré de peines et d'ennuis

Je me souviens des bons moments
Où nous joignions misères et joies
Chagrins, bonheur surtout parfois
La contrainte de nos parents
Et des folies de nos vingt ans

Adieu l'ami
Adieu l'ami
Adieu l'ami tu prends le train
Sans aucune joie et sans souci
De ces espoirs sans lendemains
Vers ton soleil de paradis

Adieu l'ami
Adieu l'ami
Adieu l'ami c'est bien fini
Tu as joué ta comédie
Pendant que la mienne continue
Vers l'apogée de son ennui

Adieu l'ami
Adieu l'ami
Adieu l'ami tu es bien mieux
Dans ton sommeil de paradis
Repose-toi, sans être heureux.

Milo (Emile Junior) Germain

47

L'AMOUR EST ROI

L'amour c'est la rivière
qui roule ses galères
jetant ses pierres
dans la mer bleue
des jours heureux

C'est comme l'arc-en-ciel
ce reflet du soleil
c'est plus profond
que la raison
de ma chanson

L'amour fait souffrir
donne du plaisir
cause du chagrin
O tant de joie !
on sait trop bien
que l'amour dicte ses lois.

.

L'amour c'est la rivière
écumant sa colère
quand il tremble
il déchaîne la haine
qui nous enchaîne

C'est comme la folie
qui aliène l'esprit
il nous fait dire
avec délire
toutes les passions
de la raison.

L'amour fait haïr
donne du désir
il fait pleurer
il fait rêver
on comprendra que l'amour
soit toujours Roi.

JE VEUX MOURIR TRANQUILLE

On s'est rencontré belle amie
ma tendre amie un jour d'été
et tout mon être a chaviré
virevolté dans la passion.

Mon coeur depuis est enchaîné
oui prisonnier de tes grands yeux
qui n'entrevoient pas l'avenir
de cet amour né condamné.

Moi je sais bien qu'on peut s'aimer
s'aimer très fort défier la vie
qu'on peut dormir sur ses oreilles
et ne pas entendre les cigales.

Tu peux dire que je suis cinglé
tu peux bien dire n'importe quoi
je sens mourir tout mon espoir
et je me fous de l'avenir.

Je veux mourir, mourir tranquille
et emporter tes peines et mes chagrins
pour alléger ton sort et ceux des autres
que j'ai aimées très fort de mon vivant.

50

J'ai bien donné tout mon amour
à tous les êtres que j'ai connus
j'ai tant donné avec ardeur
tant de ferveur et de passion.

J'ai bien offert toutes mes joies
tous mes chagrins et mes malheurs
tous mes plaisirs et mes désirs
et j'ai perdu tout mon bonheur

Si je n'ai pas été compris
ca n'a pas été de ma faute
je n'ai jamais su autre chose
qu'aimer la vie de tout mon coeur

Tu peux dire que je suis cinglé
tu peux bien dire n'importe quoi
je sens mourir tout mon espoir
et je me fous de l'avenir.

Avant d'partir, je prendrai soin
de tous tes maux de tous tes pleurs
de tes angoisses et de tes cris
et de m'assurer de ton sourire.

J'emporterai tous tes chagrins
tous tes malheurs et mauvais temps
je te laisserai le peu de joies
que j'ai connu de mon vivant.

Si c'est pour avoir tant donné
que j'ai causé tout mon malheur
pardonne-moi je t'en supplie
je n'ai pas voulu tant souffrir

Voilà, je te donne ma vie
prends donc mes joies et mes sourires
voici mon coeur, voici mon âme
je n'ai que faire de l'avenir.

PAUVRE FEMME DE LA RUE

Tu marches tranquille dans cette grande rue
où tous les passants te regardent curieux
le coeur misérable rêvant de chaumière
un peu de bonheur brave femme
pauvre femme de la rue

Tu longes les ruelles où la vie est facile
on te prend ta joie on te montre du doigt
seul l'espoir fragile couche sur ton lit
de plaisir perdu brave femme
pauvre femme de la rue

Tous les jours et les nuits de ta vie sont occupés
à donner plaisir à ces hommes sans compter
pauvre femme ma soeur, pauvre femme mon amie
pauvre femme du monde
pauvre femme de mon pays

Et tous ces messieurs explorant ton corps nu
de désir charnel comme des affamés
et ton coeur hélas qui ne répond pas
à ces fêtes sans joie, brave femme
pauvre femme de la rue

Seule avec tes peines et ta vie fragile
tu as éprouvé dans ce coeur sensible
ce dégoût profond d'amour exploité
au prix du besoin brave femme
pauvre femme de la rue.

LA TERRE D'HAÏTI

Il a longtemps que j'ai laissé
mon pays ensoleillé
mes vingt ans sont passés
au sommeil de l'oubli
j'ai laissé mon quartier
fleuri de Bougainvilliers
une enfance bouleversée
des parents, des amis.

J'ai laissé ma maison
pour un appartement
que je paie de mes tourments
jusqu'au prix de mon sang
j'ai laissé des parents
là-bas en privation
j'ai perdu mon sourire
ma gaieté de toujours.

Des années ont passé
et déjà je vieillis
mes chagrins m'accompagnent
au travail, dans mon lit
pendant que je trime ici
à chercher je ne sais quoi
ces pâles visages truffés
ont fait leur mon chez moi.

54

J'ai laissé mes voisins
pour joindre ces yeux bleus
ces pauvres gens si méchants
qui n'aiment pas ma peau
j'ai laissé mes montagnes
ma mer bleue, mon soleil
mon ciel blanchi de nuages
mes rivières et mes palmes
mes congo, mes nago
mes ibo, je les ai laissés
mes djumba ,yanvalou
mes pétro
je les ai laissés
et je pleure la terre
de ma patrie chérie.

LE DÉSERT DE TON COEUR

Un amour a passé sans bruit
dans son être tout endormi
dans un coin désert de son coeur
ton amour a chanté en pleurs

Les feuilles mortes sont tombées
les jolies roses se sont fanées
que de jours se sont endormis
son coeur n'a pas été attendri

Ça fait bien mal au coeur dis
ces amours passées
Ça fait bien mal au coeur, amie,
ces amours oubliées

Les hirondelles changent toujours d'air
quand arrive le froid d'hiver
des jours meilleurs pourtant leur sourient
et tes yeux ont pleuré d'envie

Ces chimères dans les ans ancrées
t'es allée trop loin les chercher
et tes nuits de doutes sont remplies
et tes yeux sont couverts de pluie.

Deux saisons sont bien terminées
et tu passes tes nuits à veiller
et la vie continue son cours
et tu pleures ton amour toujours

Et ton coeur a durci depuis
tu fais bien mal au gens qui t'aiment
désespoir et chagrin tu sèmes
tout autour de ta vie.

SUR LA ROUTE DU SOLEIL

Dans mes illusions
j'ai parcouru un horizon
pavé de faux espoirs
j'ai pas pu trouver la route
de nos lendemains

Nous cherchons les deux
sur la route qui s'allonge
une brillante étoile
le coeur angoissé
nous marcherons vers l'avenir

Refrain

Car tu sais très bien qu'une pluie
ou un soleil peut changer la nuit
tout aussi bien que, un brouillard
ou une éclipse peut changer ce jour

C'est la fin d'un temps
d'une époque, d'un printemps
j'abandonne ce chemin
je change d'horizon
car vraiment, c'est bien trop loin

58

Toi que fais-tu là ?
Prends donc cette route là-bas
cherche un autre matin
suis une autre lune
vers un clément ciel de printemps

(Refrain)

Ton étoile brille
Il te faut la retrouver
au-delà des passions
Reprends donc amie
la route qui mène si loin

C'est comme ça la vie
il faut bien te débrouiller
pour trouver ton étoile
Rien ne compte plus
dans la vie qu'un amour heureux

(Refrain)

LE BRAVE MALHEUREUX

Au chantier il est venu ce matin
Crevant de faim
Il est venu pauvre diable
Vendre sa force de travail
En haillons
Mal peigné, mal chaussé
Avec un sourire timide et niais
Qui laisse voir ses dents crasseuses.
A midi il prend son déjeuner, quel déjeuner, parbleu !
Un large morceau de cassave
Un gobelet d'AK-100
Un petit verre de clairin
Où il boit son âme.

Plus tard le travail fini
Ses deux gourdes en poche
Il est joyeux comme un enfant
Haïti mon Pays...
Aujourd'hui pour lui c'est un grand jour
Sa famille va pouvoir se nourrir
Demain c'est déjà mieux
Le patron lui a promis
Un "*kanson*" et une chemise usagée
Mais à sa femme, une robe toute neuve
Parée de jolies fleurs de printemps
Vous avez deviné j'espère
A tout Seigneur, tout Honneur

60

J'AI DES CHANSONS

Très cher public
je vous salue très humblement
le coeur ému
je vous souhaite la bienvenue

Vous êtes venu vous divertir
vous êtes venu vous amuser
et je m'efforce avec ferveur
de vous satisfaire très cher public

Nous vivons dans une société
d'épines et de rêves fanés
(il ne) faut pas enterrer l'amour
(il ne) faut pas enterrer l'espoir

Refrain

J'ai des chansons dans mon coeur
j'ai des chansons pour tous les coeurs
elles sont fragiles comme des fleurs
et vous feront verser des pleurs
j'ai des chansons pour vous bercer de bonheur
j'ai des chansons pour égayer vos chagrins
des chansons pour vous faire éclater de joie
tout aussi bien vous aiguiser la colère.

Très cher public
vous m'acclamez chaleureusement
très gentiment
je vous retourne des chansons

Je sais que vous fuyez vos chagrins
aussi bien que vos malheureuses peines
et je me donne à vous sans peur
pour vous amuser avec les miens

C'est déjà malheureux de vivre
tous les maux de l'humanité
(il ne) faut pas enterrer l'amour
(il ne) faut pas enterrer l'espoir

Refrain

Très cher public
j'emporterai tous vos fardeaux
oui cher public
vous m'accablerai de tous vos maux

Quand viendra le jour de la défaite
vous me jetterez des fleurs fanées
des tomates et des oeufs pourris
pour le beau plaisir de m'insulter

Ça ne m'empêchera pas de chanter
pour vous, dans cette lutte vers la mort
pour que vous n'enterriez l'amour
pour que vous n'enterriez l'espoir.

Refrain

*J'ai des chansons
pour vous pleurer
j'ai des chansons
pour vous aimer.*

L'ENFANT GÂTÉE

Que de printemps se sont perdus
tant d'hirondelles sont revenues
sur les plages de la mer
et sur les bords de nos rivières.

Toutes ces joies d'un été d'antan
toute cette jeunesse passée pourtant
il y a longtemps que j'ai compris
que tu n'avais jamais grandi.

Refrain

Chère cousine
tu étais restée l'enfant gâtée
tu jouais toujours à la vilaine
tu seras toujours ma rengaine.

Tu faisais honneur à Molière
le fou rire de ses caractères
dedans sa tombe il doit être fier
tu jouais si bien ses "RIDICULES".

On se fâchait chaque semaine
malgré le poids de ta trentaine
t'avais pas changé de caractère
moi, je rougissais de colère.

64

Refrain

Chère cousine
tu étais restée l'enfant gâtée
tu jouais toujours à la vilaine
tu seras toujours ma rengaine.

Tu étais bonne, sensible et belle
tu savais souvent être gentille
dans tes excès émotionnels
tu agissais en petite fille.

Tu m'as laissé dans ma misère
mes peines sont devenues plus amères
elles ne seront plus partagées
je ne t'ai plus pour en parler.

SCANDALE

Dans mon sommeil lourd
J'entendais des bruits, des voix
De l'inconscient
En sursaut
Je me suis réveillé
Comme sorti d'une léthargie
Et "woop, woop" aboyaient les chiens
"Bare vòlè" criaient la "restavek"
Et la bonne à tout faire.

Une femme
Au-dessous d'un manguier
Ramassait
Les quelques fruits
Tombés la nuit
Et "woop,woop" aboyaient les chiens
"Bare vòlè" criaient la "restavek"
Et la bonne à tout faire.

Le mur traversé
Dans les plis de sa robe
Elle recompte son butin
Un deux trois, quatre,
Cinq, six, petites mangues
Et "woop, woop" aboyaient les chiens
"Bare vòlè" criaient la "restavek"
et la bonne à tout faire
Comme si de rien n'était,
Elle traversa le carrefour
D'un pas nonchalant
Sous la clarté du lampadaire
Et "woop, woop" aboyaient les chiens,
"Bare vòlè, criaient la "restavek"
et la bonne à tout faire.

Emergée du silence de la nuit
Renfermée, inquiète du vide environnant
Naïve, sensible et mûre à la fois
Immaculée comme une vierge en pénitence
Charme de la mort, spectre des nuits
Indépendante et dominante nature
Admirable beauté au regard violent et froid

E je sais tout cela et je t'aime encore
Plus fort chaque jour

Aigrie par la souffrance
Chagrin d'un seul amour
Tu séduis, détruis ennemis et amis
Quand la flèche valentine te frappe par le coeur
Tu débordes comme un torrent de colère
Divises, manipules un à un ces amis amoureux
Rompant tout lien intime pour te croire libre
Pourtant esclave des circonstances

Et je sais tout cela et je t'aime encore
Plus fort chaque jour

Etrange femme, fantôme de mes nuits
Je n'ai la force, ni la volonté
de prendre mes jambes à mon cou.
Ton charme magique rabaisse mon orgueil
Et ma vie très fragile dans tes paumes
Peut se perdre dans l'oubli
Sur une claque de tes mains
Jolies petites mains

Et je sais tout cela et je t'aime encore
Plus fort chaque jour.

Tu me blesses par surprise de temps à autre
Sans raison apparente

69

Mon coeur saignant,
Baignant mon visage de pleurs
Dans mes nuits de douleur
Et la fièvre valentine circulant dans mes veines
Jusqu'aux confins de mes tortures
ronge mon coeur abandonné, délaissé, sans secours.

Et je sais tout cela et je t'aime encore
Plus fort chaque jour

Sans ton accord j'ai construit mon bonheur
Dans un château de rêves merveilleux
Et la mer de ses lames mouvementées
A lavé ma forteresse sablonneuse.
Conscient de ma faute
Je pardonne sans contrainte
Tes furies et mépris de mon crime abominable
Et j'ai perdu mes joies et mon espoir illusoire

Et je sais tout cela et je t'aime encore
Plus fort chaque jour.

QU'ELLE EST LONGUE LA ROUTE
QUI MÈNE VERS TOI

Qu'elle est longue la route qui mène vers toi
Dans le sentier touffu je m'enfonce à m'y perdre
Comme l'esprit de l'homme se perd dans la folie
Comme l'oiseau qui vole se perd dans la nue

Qu'elle est longue la route qui mène vers toi
J'ai mis jours et nuits à te poursuivre
Trébuchant mille fois dans un chemin glissant
Sous le poids de mes chagrins

Qu'elle est longue la route qui mène vers toi
Avec patience, j'ai gravi les montagnes qui m'entourent
Sans crainte, ni repos, avec l'idée fixe
De t'y trouver mon amour, ma tendre vie

71

Ah ! Qu'elle est longue la route qui mène vers toi
Quand je fus las, l'amour avec insistance
M'a poussé comme une feuille d'automne
Sur la route qui ne finissait pas

Qu'elle est longue la route qui mène vers toi
Qu'elle est longue et triste ma souffrance
Mais voici qu'à présent je m'enfonce dans un océan
Ayant pour bagages mon amour solitaire

Qu'elle est longue la route qui mène vers toi
Dans l'océan profond je nage vers ta rive
Ta rive que je cherche en vain à l'horizon
Où es-tu ? O rive que je cherche si loin.

Ah ! Qu'elle est longue la route qui mène vers toi
Quand j'ai enfin pris pied sur ta rive
Quand j'eus pour la première fois un brin de repos
Je devais trouver l'indifférence de ta porte

Qu'elle est longue la route qui mène vers toi
Pour toi j'ai immolé ma vie tumultueuse
Pour devenir doux, patient, tempéré
Et mes chaudes larmes pour toi sont tombées

Qu'elle est longue la route qui mène vers toi
Qu'ils sont tristes tes affronts, et tes mots violents
Et qu'il est faible mon orgueil à côté de l'amour
Que je porte pour toi.

Qu'elle est triste la route qui mène vers toi !
Qu'ils font mal à mon coeur
L'impatience et le mépris de tes gestes
Qu'elle soit maudite cette route qui mène vers toi.

RÊVES CONFUS

Tu étais sortie
du tréfonds de la nuit
pour m'apporter
ces beaux rayons de lune
ce chaud soleil
brillant d'éclat tout blanc
au centre de mon univers.

O toi tendre, tendre chanson
O toi ma plus belle poésie
douce symphonie berçant mes rêves bleus
à ce couchant
d'étoiles d'argent.

Rêve pénible, chant oublié
je respire encore
le parfum de ton corsage
je vis la nuit
tes sensations vibrantes
aussi ton corps tout échauffé

Rêves confus, poésie troublée
je t'ai perdue à tout jamais
veux-tu sortir de mes rêves bleus ?
Espoir déçu, poésie enfouie
là dans un coin de ma mémoire
tu fais corps avec mon passé

74

CE MOT MENTEUR

Ou l'as-tu trouvé
ce beau vieux mot
qui fait frissonner les coeurs
et qui t'a parlé
de cet espoir trompeur
oui qui t'a bercée
de ce mensonge sans pudeur
dis qui t'a chanté
ce mot menteur
qui m'fait horreur

Je ne veux pas que tu pleures
alors que mes larmes
sont gelées dans mon coeur
je ne veux pas que tu te chagrines
pour un bonheur que tu t'imagines

On a couru tous à bras ouverts
cueillir l'espoir aux mille éclats
quand, la nuit tombée,
et que le silence
se fait lourd sur tous les toits
on est retourné
déçu, bredouille
découragé plein de cafards
dis qui t'a chanté
ce mot menteur
qui m'fait horreur.

GERARD MICHEL

Tu étais mon aîné
et j'étais ton disciple
t'as rebroussé chemin
et je ne t'ai pas suivi
J'ai choisi ma route
à travers les dangers
avec des compagnons
qui veulent tout risquer
pour notre patrie commune

76

toi, tu mènes ta vie
de troubadour sans roi
au-dessous de ces jupes
enveloppées de mensonges
et de rêves bien creux.
Tu troubles ta conscience
au bout de ta cigarette
lui inflige des tortures
dans ton verre d'alcool
tu la tourmentes vive
aux jupes de ces femmes
enveloppées de mensonges
et de rêves bien creux
toi l'ami que j'aimais.
Pour l'artiste que t'as été
tu nous as laissé
seulement des chansons
chanteur magnifique
arrangeur magique
dessinateur, peintre, sculpteur
acteur, diseur, speaker
commentateur, journaliste
pianiste, guitariste
tu jouais le banjo
aussi bien que la contre-basse
le saxophone aussi bien
que la trompette
magnanime humaniste
animateur plaisant
tu représentais tout un monde

à toi seul
toi le génie d'un siècle
je t'ai pleuré comme un enfant
quand tu es passé à l'orient
trop tôt, beaucoup trop tôt
pour mon malheur
tu m'as laissé avec un fardeau
celui de te rendre immortel
mais tiens, tu n'as même pas
besoin de moi pour ça
oui, mais ça c'est sûr.
Une légende ne meurt jamais !
Une légende ne meurt jamais !
Une légende ne meurt jamais !

AIGLE MÉCHANT

C'est pas seulement en Afrique
qu'il y a des gens en péril
Enfants, jeunes gens et vieillards
Tombent au coeur même des Etats Unis
Ils sont morts de malnutrition
Assassinés en plein jour
Tantôt victimes de la drogue
Tantôt du froid, de la maladie.

Après avoir pillé l'Ethiopie,
Maintenant vous leur venez en aide
Grand champion en diplomatie
Et de la fausse modestie
On ne se fait plus d'illusion,
Aigle méchant, vous êtes démasqué

Cela fait bien mal
Aux parents des enfants à Beyrouth
Qui croyaient à vos mensonges,
"Lutter pour la liberté des peuples du monde entier"
Tous ces enfants de l'Afrique du Sud
Qui sont devenus chair à canon ?
Ont bien vite compris le complot de l'impérialisme
Pour maintenir l'apartheid.

79

Alors, cessez cette hypocrisie
On a fini par bien comprendre
Cet arbitrage très partial.
C'est l'essence même de votre empire
On ne se fait plus d'illusion
Aigle méchant, vous êtes démasqué.

Par l'entremise de vos chers valets
Que d'enfants vous avez tués !
Vietnamiens, Nicaraguayens,
Colombiens, Iraniens, Haïtiens,
On ne se fait plus d'illusion
Aigle méchant, vous êtes démasqué.

Et les enfants de la Palestine
Transformés en de braves guerriers
Pour reprendre leur coin de terre
Qu'avec Israël vous avez volé ;
On ne se fait plus d'illusion,
Aigle méchant, vous êtes démasqué.

EXILÉS DE MON PAYS MALADE

A vie, sans vie, mourir
nostalgie de la terre natale
terre des habitudes
terre de nos coutumes
nostalgie des vies et moeurs
bonnes et mauvaises
exilés loin de leur pays
de leurs amours inassouvis

Exilés de mon pays malade
a vie, sans vie, alités
mornes, indolents, nonchalants
affaissés, affligés, apeurés
sans espoir des lendemains
écartés, dans leur pays
dans les bas-fonds des cachots
noirs de la tourmente

Exilés de mon pays malade
à mort, sans mort, guéris
endormis à jamais, délivrés
libérés de leurs angoisses
de leurs tourments
libérés de leurs regrets
enterrés, reposés enfin
dans ces tombeaux ténébreux
au fil de l'oubli

Exilés de mon pays malade
je lis très mal vos partitions
écrites en rébellion
depuis que vous êtes partis
je trébuche de temps à autre
sur la musique qui marche au pas
au fil des années perdues
et des lendemains incertains

Exilés de mon pays malade
ce que j'aimerais vous dépasser
réécrire votre musique en révolution
pour nous bâtir l'immensité rêvée
exilés de mon pays malade
depuis si longtemps.

JE NE FAIS QUE PASSER

Je ne sais rien, mieux que personne
Je ne sais pas quand viendra la fin
Je ne sais rien, rien de la vie
Rien de l'au-delà, rien de l'oubli

Je ne sais rien, rien de l'enfer
Du paradis qu'ont prôné les gens d'églises
Mais je pense bien
Que Copernic et Galilée ont été abusés

Pourtant j'éprouve certains tourments
Et ces angoisses qui me font mal
J'ai lu, j'ai vu, j'ai tant aimé
Même la mort qui me poursuit

Nous vivions tous avec nos peines
Ces illusions que nous nous sommes créées
Nous nous collons nos étiquettes
Chacun de nous est un petit DIEU

Je vous salue frères et soeurs
Et à vous tous que je n'ai jamais rencontrés
Voici mon coeur, voici mes pleurs
Amusez-vous en, je ne fais que passer

UN TORRENT ROULAIT

Elle était assise
près de moi
dans la classe
quand nous lisions
l'Andromaque de Jean Racine
Le professeur
nous assigna
deux rôles à jouer
la coïncidence
fut qu'elle soit Hermione
et moi Oreste

84

Oui en effet
je l'aimais comme
comme Oreste
aimait Hermione
elle le savait
et en faisait mention
à ses amis
et riait amusée
de mes plus profonds
sentiments

Elle s'amusait
à rire de mon émotion
elle s'amusait
avec une naïveté
elle riait, elle riait
et dans mon coeur
un torrent roulait

Mes amis d'école
me traitaient
comme leur frère
j'étais toléré
de mes tuteurs
les plus sévères
que mes performances
plaisaient toujours
alors que je donnerais ma vie
pour plaire à ma petite amie

Au jour d'anniversaire
d'un professeur ami
on prépara
une petite cérémonie
profitant de l'occasion
j'ai chanté pour elle
une chanson d'amour
qui décrivait cette émotion.

Elle riait
et dans mon coeur
un torrent roulait

86

YANKEE

Vous avez jeté vos enfants
A Hiroshima et à Nagasaky
Enterré Patrice Lumumba
Pulvérisé Allende
Pillé Porto-Rico et lui collé
L'étiquette de *"bien commun"*
Fait de la République Dominicaine
Votre terrain de "baseball" et votre poulailler
Piétiné le sol de ma terre
Sans jamais y être invité
Volé l'espoir de nos enfants
Altéré le battement de nos méringues
Jeté des billions de verdure
Là où vos valets contrôlent
Pendant que vous criez
Hypocritement contre l'inflation.

Au nom des Etats Unis d'Amérique vous êtes venu
Prétextant la paix et la tranquillité
Pour apporter haine, misère et désolation
Bas les masques criminels international !
La table est desservie
Allez ! Allez ! Ouste !
Les Palestiniens ne sont pas des barbares
S'ils sont des terroristes
Ils l'ont appris de vous l'Oncle Sam
Envahisseur de profession.

87

Oubliez-vous déjà
Porto-Rico et le Nicaragua en 1901 ?
La Colombie 1903 ?
La République Dominicaine en 1905 ?
Cuba 1906 ?
Encore le Nicaragua en 1911
Cuba à nouveau en 1912 ?
Le Mexique 1914 ?
Haïti 1915 ?
L'attentat manqué de la baie des cochons 1961
La République Dominicaine
Pour une deuxième fois en 1965 ?
La grenade en 1983 ?
Haïti une autre fois en 1994 ?
A nouveau en 2004 ?

Pour aider à faire reculer la révolution
Et vos hommes de main de fer à s'échapper
Vous êtes l'épidémie de guerre
Combattu partout et par tous
Chassé à Cuba, au Vietnam
Au Cambodge, au Laos,
En Angola, en Iran
Au Nicaragua, au Liban
Acculé partout et par tous
Vous expiez maintenant vos crimes
Oncle Sam, Père de la terreur.

LES MORALITÉS

On a si bon accord
Qu'on pourrait vivre heureux
Pour une si bonne entente
On s'est connu trop tard
On se rencontre souvent
Toujours à contre vent
Pour se parler un peu
Caressant des sourires

Peu à peu un frisson
me saisit par le coeur
Avant même de comprendre
Je suis devenu fou
Je n'aimerais pas te dire
De peur que tu t'en amuses
Qu'à chaque fois que je te vois
Mon coeur est en émoi

Tu m'crierais que c'est défendu
Tu es l'amie de ma femme
Pas question de t'aimer
Il me faut souffrir mon mal

Sommes nous obligés
A souffrir constamment
Accepter nos tourments
Miner notre existence
Quand nous pouvons sans peine

Loin des yeux indiscrets
Partager nos plaisirs
Assouvir nos désirs
Comment vivre en paix,
Si nous sommes frustrés
C'est vrai notre société
Nous impose des lois
Des lois qui nous tueront
Heureux ou malheureux
Moi si je peux choisir
je veux mourir heureux

L'amour ne connaît pas tes lois
Elle emprisonne ses captifs
Et ceux qui se croient très forts
Verseront tant de pleurs

T'as peut-être raison
Mais moi je souffre trop
Et quoique tu décides
J'ai les deux poings liés
Mais si c'est un péché
C'est quand même pas un crime
Nous sommes des êtres humains
Nous avons nos faiblesses
On ne peut pas toujours
contrôler ses désirs
des fois il faut se pencher
au poids de la balance.

ALLEZ-VOUS-EN

Allez-vous-en
Allez-vous-en
Vous m'entendez !
Allez-vous-en
Avec votre Dieu
votre Diable
Ou votre Diable-Dieu
Allez-vous-en
Avec votre pardon
Votre péché
Ou votre repentance
Allez-vous-en
Allez-vous-en
Avec vos cieux
Vos rêves
Ou vos rêves des cieux

Allez-vous-en
Avec votre paradis
Votre enfer
Ou votre paradis de l'enfer
Ou l'enfer de votre paradis
Plaise à vous
Il m'importe peu !

Allez-vous-en
Avec votre bévue
Votre maladie contagieuse
Ou tout simplement
Votre stupidité
Et au nom du pain
De la vie et de l'amour
Ainsi est-il
Amen.

UNITÉ DE CONTRAIRE

Que le Diable m'emporte
Que le bon Dieu t'emporte
Cela revient au même
Car le bon Dieu-Diable
N'est que le Diable-Dieu.

SOLEIL

Peuple haïtien bonjour, écoutez-moi
Je viens vous exprimer mes profonds sentiments
Voici le moment de nous mettre ensemble
Cherchons donc à répandre la lumière

Laissez moi vous dire combien vous me coûtez
Vous êtes mes rêves, vous êtes mes espérances
Mon pays c'est vous, souvenez-vous en toujours
Il faut l'aménager pour le bien de nous tous

Je vous dis la simple vérité
D'un Haïtien qui vous aime tant
Quand j'entends parler de mon pays
J'ai la vision de son beau soleil

Soleil, soleil je demande
Soleil, soleil pour mon pays
Soleil, soleil je demande
Soleil j'en ai grand besoin

Laissez moi vous témoigner ma sympathie
Combien me font mal vos peines rigoureuses
J'espère que vos enfants verront un jour
Cette grande lumière et partageront nos rêves.

ADORÉE

Tu ne crois pas que je puisse t'aimer vraiment
Tu ne crois pas que mes yeux puissent t'adorer
Tu ne crois pas en mon amour si grand
Mon coeur est triste, je suis désespéré
De ce rêve incompris

On t'a tant dit de moi, je te pardonne
Je ne me reconnais plus en vérité
Ne les écoutes pas, je ne veux que personne
Vienne te dire que je ne peux pas t'aimer
Quand je t'aime à mourir

Refrain

Adorée, mon Adorée, t'adorer, mon Adorée

Si tu voulais m'accorder une chance
Je t'emmènerais dans mon champ infini
Et nous ferions de toute notre existence
Un couple bien assorti d'un lien profond d'amour
Que nous vivrons toujours.

94

CES IMPOSTEURS

Ils étaient venus de la France
ces légionnaires
nous ont imposé leur religion
ils ont souillé
nos traditions de peuple fier
et nuancé nos chansons populaires.

Dans les houmforts
de nos grands prêtres
ils sont allés nous prendre
nos plus beaux souvenirs
des souvenirs provenant de l'Afrique
des souvenirs provenant des Indiens

C'était bien des souvenirs
de notre passé
nous n'avons rien
volé aux étrangers
ces souvenirs nous ont été légués
nous n'avons rien volé à personne

Ainsi nous avions perdu
notre héritage
de notre ignorance
ils ont tant profité
pour salir nos prouesses du passé
minimiser notre vaillance dernière.

95

Avec leur sainteté
de missionnaires
ces vils imposteurs et mercenaires
nous ont volé l'or d'Anacaona
maintenant en dépôt
dans un quelconque musée
à Paris

Notre existence
est bien empoisonnée
par leur civilisation
nos meurs sont altérés
combien de temps faudra-t-il pour réparer ?
combien de temps pour réorganiser ?

Rompons ces chaînes
nous sommes des guerriers
revendiquons nos droits à la liberté
mieux vaut mourir que seulement exister.

CHANSONNIER L'AMI

Chansonnier l'ami tu chantes le coeur blessé
Tu chantes l'ami cet amour passé depuis
Chansonnier l'ami tu pleures tes joies enfouies
Dans le silence lourd, chansonnier tu as rêvé

Chansonnier l'ami tu chantes le temps perdu
Tu chantes l'ami ce mécontentement passé
Chansonnier l'ami je suis comme toi foutu
On a trop aimé l'ami la simplicité

Chansonnier l'ami nous sommes tous condamnés
A mourir l'ami sans l'ombre d'un sourire
Chansonnier l'ami écoute les rires
des gens qui s'amusent de notre folie
Ils se paient notre tête chansonnier l'ami, mon frère

Chansonnier l'ami j'ai rêvé l'immensité
Prends pas au sérieux tous ces bravos passagers
Tes applaudisseurs seront tes bourreaux demain
Ils t'écraseront quand viendra le temps de la fin

Fais bien ton métier suis ton chemin raviné
Chansonnier l'ami sois toujours très courageux
Et tu seras grand si tu veux bien m'écouter
Chansonnier l'ami nous serons comme des preux

Chansonnier l'ami nous sommes tous enchaînés
A ces circonstances défavorables
Chansonnier l'ami on a des secrets grands comme
l'univers

97

Qui ne s'ébruiteront pas ; chansonnier l'ami
Nos rêves sont les plus beaux.

J. Hyppolite   G. Michel   F. Saint-Hubert

BON ANNIVERSAIRE

Le zéphyr annonça ta naissance
par une brise fraîche
baignée de la rosée du soir
le disque d'or brilla à plein feu
pour ton éclosion petite fleur
rose de printemps
bon anniversaire
mon amie, mon amour
ma chérie, tendre coeur
Mes lèvres
rencontrent ton sourire
mon coeur explose d'émotion
comme une pluie d'étoiles
qui jaillit
dans la nuit ténébreuse
rose de printemps
bon anniversaire
mon amie, mon amour,
ma chérie, tendre coeur
Dans la chaleur de ton eau douce
où je m'enfonce
dans ta joie aux confins de nos extases
Ô ! bonheur incommensurable
rose de printemps
bon anniversaire
mon amie, mon amour
ma chérie, tendre coeur

99

LES ADULTES DE DEMAIN

Je veux chanter pour vous, enfants du monde entier
Je veux vous dire avec amour la vérité
Je veux vous parler au coeur, mon amour
Ma faiblesse, ma peine et je vous plains

Quand vous aurez grandi demain devant la vie
Vous devez assumer les responsabilités
Que nous adultes vous laisseront de cette maladive
Société, cette société d'un monde fou

Refrain

Vous les enfants, les adultes de demain
Qui prendrez la vie en charge pour demain
Vous enfants de nos lendemains incertains
Je vous aime fort, je vous aime bien

Ce que nous avons toléré nous aujourd'hui
Enfants, vous vous soulèverez contre eux demain
Vous serez beaucoup plus violents que nous avons été
nous autres
Changeant la vie pour le meilleur

Vous serez plus intelligents plus amoureux
Vous serez plus intransigeants moins corrompus
Que les banquiers, les hommes de loi, les commerçants
Les militaires, ces missionnaires de la honte.

JE VOUS SALUE EN LA PATRIE

A l'ami qui ayant faim voulait gagner son pain
avait trahi notre cause pour ses besoins pécuniaires
Je vous salue en la Patrie (Bis)
A l'ami camarade qui n'avait pas su souffrir
avait vendu sa conscience au service de l'ennemi
Je vous salue en la Patrie

Refrain

Pour ces enfants perdus et les mamans en pleurs
Les pères qui ne sont plus, je vous salue en la Patrie

Pour l'ami Jean Vilson, pour Emar Jean François
Et pour Eden Germain, aux amours mutilées
Je vous salue en la Patrie

Pour les trois frères Barrauds et pour Doudou Crève
Coeur
Yves Lindor étouffé à l'arrière d'une bagnole
Je vous salue en la Patrie

Pour nos frères battus par la police de Cayos Lobos
Et pour ceux qui n'ont pas accosté Miami
Je vous salue en la Patrie

Pour ces macoutes déguisés, ces macoutes déclarés
Ces politiciens véreux qui ont vendu mon pays
Je vous salue en la Patrie.

101

ROUGE DE SANG

Quand on circule dans la grande Ville
Avec des idées rouges de sang
Et qu'un beau parleur bien imposant
Vous peint une vie bien facile

C'est qu'il se moque bien de vous, mes amis
Les grandes idées ça fait la mode
Les grandes idées ça fait l'époque
Il faudra faire la sourde oreille
Car ces idiots parlent à merveille

Faites bien attention je vous prie, mes amis
N'attendez rien des promesses insensées
La liberté n'est jamais gratuite
N'attendez rien de ces manèges fortuits
Il faut préparer la lutte armée

La liberté vaut bien son prix

Rouge de sang (bis)
Il faut la guerre pour avoir de la paix

Rouge de sang (bis)
Il faut apprendre aux enfants du pays

Rouge de sang (bis)
A démolir, restaurer la justice vraie

Rouge de sang (bis)

Rouge de sang la montagne rouge de sang
Rouge de sang et la ville rouge de sang

Rouge de sang (bis)
Il faut la guerre pour avoir de la paix

Rouge de sang (bis)
Il faut apprendre aux enfants du pays

Rouge de sang (bis)
A démolir, restaurer la justice vraie

Rouge de sang (bis)

Il faut détruire s'il nous faut reconstruire

Recommençons à zéro, il faut repartir

S'il vous plaît cessez de parler
il nous faut passer à l'action
faisons donc la révolution
changeons notre vie pour de bon

Allez messieurs, mesdames,
enfants, jeunes gens, jeunes filles,
adultes prenons la route

103

COMME LE TEMPS PASSE VITE

Comme le temps passe vite
Nous étions trois garçons une fille
Avec nos parents, qui ne pouvaient
Jamais s'entendre pour de bon

Ils se querellaient souvent
Les jours, les nuits c'était pareil
Nous n'étions pas toujours heureux
On passait le temps à pleurer

Refrain

On n'a pas eu le temps de jouer
On n'a pas eu de rêves d'enfants
Puisqu'à peine né on était vieux } Bis

Nous passions de mauvais moments
Tant à Brooklyn qu'à Boston
Nous dormions avec le coeur battant
De douleur et d'humiliation

Nous avions vécu à New York
Nous avions fait des compromis
Esclaves dociles nous sommes devenus
Pour nous assurer un bien-être

Malgré notre fraternité
Bien qu'ayant vécu ensemble
Malgré les misères et tourments
Nous appréhendions la vie différemment

Nous sommes comme des étrangers
Qui seraient sortis de nulle part
Qui voudraient pourtant s'exprimer
Mais ne parlent pas le même langage

Oh ! Comme le temps a passé vite ?

L'AMITIÉ

J'ai pas l'ambition de t'apprendre
De vivantes leçons d'histoire
Mais, j'aimerais tout simplement
Mettre en relief ces points de vue.

Tu vois, l'amie que j'aime bien,
Je veux te dire qu'en vérité
Une relation ne peut durer
Si l'amitié n'y est présente

Refrain I (bis)

Tout est mensonge
S'il n'y a pas d'amitié
Oui, tout est faux
S'il n'y a pas d'amitié

Très souvent, on prête aux gens
De ces qualités qu'ils n'ont pas.
On peut bien se tromper de porte
Aussi bien que de chemin.

Oui, pour comble d'ironie
l'ami peut bien être l'ennemi
Si on ne fait pas bien attention
On peut sombrer dans la folie.

(Refrain)
Tu as aimé ce compagnon
Tu lui voulais être fidèle
Tu lui étais une bonne amie
Il avait opté pour ton mari.

Tu l'as aimé comme personne
Il te donnait tant d'attention
Il t'a aimée avec passion
Et il te cajolait souvent.

Refrain II (bis)

Ça ne veut rien dire
S'il n'est pas ton ami
Oui tout est faux
S'il n'y a pas d'amitié

Tous les gens, jeunes et vieux,
Ont connu cette grande passion
Cette maladie qui fait souffrir
Et que l'on appelle l'amour.

C'est beau d'aimer et d'être aimé
Mais je veux bien que tu comprennes
Qu'à la base de l'amour
Il faut qu'il y ait de l'amitié.

Cas au Carré

L'ignorance planait
Sous la poussée du vent
Dirigée par la friction
De la rotation de la planète
Causée par la gravité
Evolution, révolution

Connaissances fragiles
Expliquant l'existence
L'humanité, la société
La raison des choses

Evolution, révolution
Changement inévitable
L'âge de la pierre à l'esclavage
Le Moyen Age au Capital
Profit acquis malicieusement
Au détriment des masses exploitées

Evolution, révolution
Confusion effrénée
Débouchant sur des guerres
Civiles épouvantables, telle
La guerre des croisades
des religions
Répandue sans issue
Aliénation de toute la planète
Au capitalisme naissant

Capitalisme cas au carré
Vous adorez la corruption
Capitalisme cas au carré
Symbole de la malpropreté

Capitalisme cas au carré
Vous sentez la putréfaction
Capitalisme cas au carré
Prenez ma haine et mon dégoût

Ma jeunesse broyée
Par votre machine infernale
Ma promotion mutilée
Détériorée, dégradée

Maintenant vous nous prenez
Nos enfants et petits enfants
Vous utilisez la drogue
Et le vert papier puant.

L'ESPOIR

Il y aura
Toujours des traîtres,
Des vendeurs de patrie
Et des voleurs de rêves ;
Mais les révolutions
Fleuriront toujours
Car nos rêves sont plus grands
Que notre dimension d'être
Aussi bien que
La vérité
Est toujours vive
Dans toute sa nudité
Et ses contradictions.

Changeons la société
et nous changeons l'être
changeons les sociétés
Nous changeons la vie
Et nous aurons un beau monde
Dépouillé de mensonges
Et de rêves creux.

FERME LA PORTE

Encore une de ces nuits noires
Je veux dire sans lune
Sans étoiles et sans nuages.
Silence lourd, serrement de coeur
Angoisse folle, crainte puérile.
Intrus, parasite, qui habite
Une fois de plus ma demeure.
Ecoute, mon coeur, il se fait tard
La pluie déverse ses flots
Sur ton âme endolorie
Ferme la porte !
Les goûts amers de la déception passeront
Tes souffrances, tes peines
Tes malheurs et tes joies,
Ne te confie plus à personne
Garde-les jalousement
Fais d'eux tes choses tendres
Et puis, ferme la porte
Ferme à double tour.

Index alphabétique des poèmes

Printed in the United States
By Bookmasters